董奉

（？—280）

杏林始祖

福建历史文化名人丛书

福建省社会科学界联合会 编

董奉

杏林始祖

路 漫 编著

海峡出版发行集团 | 福建人民出版社

图书在版编目（CIP）数据

董奉：杏林始祖/路漫编著.—福州：福建人民出版社，2017.9（2020.11重印）
（福建历史文化名人丛书）
ISBN 978-7-211-07793-9

Ⅰ. ①董… Ⅱ. ①路… Ⅲ. ①董奉（220—280）—生平事迹 Ⅳ. ①K826.2

中国版本图书馆CIP数据核字（2017）第225326号

董奉
DONGFENG
——杏林始祖

作　　者： 路　漫
责任编辑： 何水儿
出版发行： 福建人民出版社　　**电　　话：** 0591-87533169(发行部)
网　　址： http://www.fjpph.com　　**电子邮箱：** fjpph7211@126.com
地　　址： 福州市东水路76号　　**邮　　编：** 350001
经　　销： 福建新华发行（集团）有限责任公司
印　　刷： 福建省金盾彩色印刷有限公司
地　　址： 福州市金山浦上工业区D区24幢
开　　本： 700毫米×1000毫米　1/16
印　　张： 4.75
字　　数： 50千字
版　　次： 2017年9月第1版　　2020年11月第2次印刷
书　　号： ISBN 978-7-211-07793-9
定　　价： 25.00元

总 序

李 红

社会科学承载着“认识世界、传承文明、创新理论、咨政育人、服务社会”的重要功能，是人类赖以传承的精神支柱。近年来，福建省各级各部门认真贯彻《福建省社会科学普及条例》，社会科学普及工作扎实开展、稳步推进，通过举办全省社科普及宣传周、建立社科普及基地、开办社科普及讲坛等社科普及咨询平台载体，其制度化、常态化、大众化工作取得了明显成效。

习近平总书记指出，文化是民族生存和发展的重要力量，中华优秀传统文化已经成为中华民族的基因，植根在中国人内心，潜移默化地影响着中国人的思维方式和行为方式。福建文化是中华文化中极富特色的一部分，深度融入了中国文化的进程，展现出突破陈规、积极进取、兼容并包、锐意创新的胸襟和气魄。向大众传播福建优秀的历史文化知识，是福建省社科普及工作的重要内容。以接福建地气、讲福建故事、塑福建形象、续福建文脉的姿态编辑出版的“福建历史文化名人丛书”，既较为全面地展示了福建文化深厚的历史底蕴和丰富的人文精神，也为福建当下的社会文化建设提供了有益的资鉴。“福建历史文化名人丛书”所包含的朱熹、林则徐、严复、陈嘉庚等人物传记，记录了福建文化之于中国历史的影响，同时也以人物史的叙述方式生动地展现出中国人文精神的风骨和传统文化的传承。

今天，我们提倡和弘扬社会主义核心价值观，必须从中华优秀传统文化中汲取丰富营养，否则就会缺乏生命力和影响力。“福建历史文化名人丛书”记录了福建历史文化人物的价值观践行轨迹，重温了这批福建历史文化乃至中国历史文化史上重要人物的生命历程，以浅显晓畅、通俗易懂的叙述方式讲述了中华优秀传统文化传承的当代意义，开辟了社会科学知识进入千家万户的新路子。

“最忆市桥灯火静，巷南巷北读书声。”一套好的社会科学普及丛书，总是能带动起读书的风气。将学习作为一种追求、爱好和健康的生活方式，也是“福建历史文化名人丛书”所期望实现的目标。在文字中领略福建地域文化魅力，在阅读中传承传统文化养分，在感悟中提升人文道德情操，社会科学普及丛书的出版，可谓正当其时。

（作者系福建省人民政府原副省长，福建省政协原副主席）

目　录

楔 子

唐代李吉甫的《元和郡县志》说福州是“因州西北有福山，故名”。宋代晋江状元梁克家编撰的福州第一部地方志《三山志》更有“唐开元十三年（725年），闽州改为福州都督府……或曰以董奉福山名”之说。清代乾隆版《福州府志》注：“福山今名董奉山，属福州府长乐县。”

福州有谚语：“一旗、二鼓、三董奉。”董奉山海拔近600米，据说有野人居之，白眉白发，裸体生食，鲜为人见，见之即获福，故称“福山”。就其于福州地理位置和作用，称之为“福山”名副其实。此山气势磅礴、绵延数十里，是福州城的一个天然屏障，也遮住了闽都的东南缺口。站在乌石山顶或万寿桥上，可望见董奉山在五虎山与鼓山之间，好像挽住二山连成一脉挡住海风，对气候的调节起很大作用。

东汉末年，福山之麓有一位济世救人的董姓郎中，即董奉。

相传，董奉在江西庐山治病救人，每治愈一名轻病患者，便让患者在山上栽植一株杏树；若治愈一名重病者，则让患者植五株杏树。不出三载，庐山上遍植杏树。庐山一带的老百姓非常感激他，赠给他“杏林春暖”的匾额。后世有“誉满杏林”之说，便是指那些医道非凡或医德高尚的人。

因此，“杏林”成为我国传统中医界的代名词，董奉也成为杏林文化的开山鼻祖，与南阳的张仲景（约150—219）、谯郡的华佗（？—208）齐名，并称为东汉末年“建安三神医”。“医圣”张仲景因著《伤寒杂病论》、开中医药方剂和辨证论治先河而名垂青史；“医神”华佗因其针灸术、麻沸散外科术、五禽戏等铸就历史丰碑；而正史中没有记载、又无医著传世、亦医亦道、被人们尊为“医仙”的董奉，犹如庐山五老峰一般被云遮雾罩，隐隐约约……

宋代，董奉的家乡福州长乐“福山”也因之易名董奉山，并留有“董奉炼丹处”等胜迹。明代初年，“闽中十才子”之一的林鸿（字子羽，福清人）作《董奉山》一诗，追怀董奉的遗迹，盛赞它的幽远与高深，诗云：

吾尝慕康乐，爱入名山游。
名山不易得，何必谈瀛洲。
董峰高峨峨，仙子居上头。
白鹤去不返，黄茅翳丹邱。
下接渤澥流，上接白云浮。
阴壁耀海日，寒枝挂猕猴。
幽寻岂不远，逸兴随去留。
仙人未可期，空山春复秋。

由此可见，董奉的事迹和传说在民间被广泛传颂，董奉的杏林精神被业界奉为楷模。在口碑相传的故事里，董奉被尊为“医仙”，杏林精神被转换成一种传统文化现象。那么，杏林文化的特征和内涵究竟是什么？作为客观存在的文化现象，杏林之名为世代传颂，杏林之实知之者却甚微，究竟何故？带着这些疑惑，我们穿越时空的隧道去追寻中国传统医学发展和中华传统文化发展的轨迹，拨开层层迷雾，杏林文化的真面目逐渐清晰地呈现在眼前。

董奉亭
龍蟠橘井水泉香

第一章

福山董家　世代悬壶

东汉末年，居住在长乐古槐镇福山脚下龙田村的董姓人家几代行医，常为当地百姓免费治病疗伤，受到当地百姓的称赞。董奉就是出生在这个家庭里。受家庭影响，他从小就接触医学知识，为后来成为“建安三神医”之一打下了基础。

福山董家

福山宝地

长乐，邑人自豪地称之为“长山乐水”。从春秋时期的吴王夫差、三国东吴孙皓在此屯兵造船，开辟航运至今，故又称“吴航”。

东汉末年，朝政腐败，中原战乱不断，民不聊生，百姓们纷纷南逃，而地处边陲海滨的福州，也灾患连连，疫病绵延不断。此时，长乐县古槐镇福山脚下龙田村住着一户董姓人家。董家人几代行医，医术精湛，常为当地百姓治病疗伤，受到当地百姓的称赞。

有一年春季，福州地区疫疾流行，由于民间缺医少药，百姓得不到及时救治，死者甚众。董家则购储药物，在其宅旁构筑一茅舍，收留病人，医药费和伙食费一概不收。对待病人，他们来者不拒。到了夏天，又逢台风来袭并连降数场大暴雨，造成洪涝灾害，闽江两岸一片汪洋。百姓无粮可食，就从池沟里捞淹死的牲畜煮食充饥，造成众多乡民中毒，病人苦不堪言。正在这危急时刻，董郎中一家在闽江岸边支起大锅，熬煮解毒汤，救民于病患之中。董家的这一善举，被十里八乡传为佳话，受到官府的褒奖。

董家老一辈之所以如此德高望重，不仅因为他们有扎实的医术理论功底，而且因为他们以医德医风彰显着传统文化的魅力。

到了董家第三代，更是名声大振，被称为“董神仙”，众多患者前来治病，一时间门庭若市。

福州城有一徐姓富户，膝下有一宝贝女儿，聪明伶俐，深得徐家夫妇喜爱，二人视为掌上明珠。不幸的是，徐府千金突然患了一种怪病，身上长了很多红色疙瘩，瘙痒难忍。徐氏夫妇焦急万分，遍请福州城的名医诊治，结果还是没能治好女儿的病。徐府千金终日躺在床上昏迷不醒。正当徐氏夫妇束手无策时，亲戚推荐他们去找长乐县古槐镇龙田村的董神仙。徐氏夫妇得知后，

董奉雕像

立马带着家人急急忙忙前往邀请，并将董神仙接到府中。董神仙号脉诊断，开出一方，将此药汤内服外用，连续一个星期后，徐府千金身上红色疙瘩渐渐地消失了，不久后清醒过来。徐氏夫妇喜出望外，立即拿出重金酬谢，但被董神仙谢绝。徐氏夫妇过意不去，只好赠予“神仙堂”三个大字的匾额，敲锣打鼓地送到董家。一时“神仙堂”驰名遐迩，不仅周围的寻常百姓前来找其治病，连莆田、宁德等地的达官显贵也是轿接轿送，请其医病。

汉建宁初年，膝下无子、已过中年的董神仙终于喜得贵子，这犹如久旱逢甘霖，给沉寂的董家带来了无限的喜悦与希望。董神仙夫妇商议之后，给这个董家第四代新生儿取名为奉，字君异（一说字君平，《大越史记全书》说字“昌”）。他们希望董奉能够奉天承运、顺顺利利、安居乐业。董奉也不负父母厚望，自小聪明伶俐，四岁能识字，五岁能背诗，六岁就能诵读祖上留下的医方汤头。

初识杏树

董家的后山种植了一大片杏林，那是童年董奉的乐园。

每到杏子成熟、硕果累累的季节，一个个杏子在微风中摇来摇去，那清香，那场景，醉透了心肺。董家人摘下杏分送乡邻，让大家品尝。行人路过，董奉父母也会热情地端上一盘刚清洗过的杏给人解渴消暑。

每到此时，董奉便常常帮衬母亲采摘杏果，也帮着把杏递给乡邻或行人吃。所以，幼年时期的董奉就是母亲传递杏的“专用驿使”兼拾杏仁的小跑腿儿。遇上闹灾荒的年份，母亲会将杏果和杏脯送给逃荒的灾民和穷苦百姓。从母亲那里董奉认识了杏树，认识到它能帮助穷苦乡亲渡过青黄不接的饥荒。

一天晚上，董奉一家刚刚就寝，听见门外有人哭，接着便是敲门声。董奉父亲听到声音，想到可能是病人，便迅速起床穿上衣服，打开门后，见一高一矮两母女站在门口。其中女孩头发凌乱，脸色煞白，用手捂着肚子，“哎哟、哎哟”痛得直叫。女孩的母亲则挽着她的手，不停地安慰着。

董奉的母亲摸摸女孩的额头，滚烫滚烫的。董奉的父亲赶紧进行诊治，忙了一阵后，女孩的额头渐渐凉了下来，肚子也不那么疼了，刚才还十分痛苦的脸上也露出了笑容。董奉的父亲说，女孩只是受了些风寒，并无大碍。他开了一天的药，嘱咐她按时服用。

本以为这事就这样过去了，可第二天晚上这对母女又来了。而且外面电闪雷鸣，下着瓢泼大雨。女孩哭哭啼啼的，大门过道

董奉亭

屋檐下，雨水顺着她的睫毛和脸颊像断了线的珠子不住地流淌下来。董奉父亲的心立刻悬了起来，连忙请她们进屋，并摸摸小女孩的脑袋，没发烧啊，肚子怎么又痛呢？

原来，在这场饥荒里，女孩每天天不亮就跟着母亲出门找东西吃。半路上女孩口吐黄水，蹲下便眼前发黑，一阵眩晕后就躺在地上瘫软下来。为了活命，女孩休息了一会儿就冒着大雨继续上路，因此受了风寒，幸好让董郎中给治好了。哪知半夜女孩又饿醒了，母亲看她蜷缩在床上不想再动弹，无奈之下找上董家，想讨碗粥喝。

董奉父母可怜这个被雨水浇透衣衫的孩子，便把她们拉到屋内坐下，还拿来干毛巾给她们擦干头发和脸，并让她们换上一身干衣服。董奉母亲烧了一大碗姜汤让她们喝，还端来两碗热气腾腾的米粥，并将人留了下来。不到一个月，小女孩的脸蛋泛起了红晕，身上长肉了，浑身也有劲了。之后，董奉母亲还拿了一些杏果和杏脯给母女俩，并嘱咐董奉护送她们回家。

童年的董奉在孩子们当中人缘也极好，且很有组织能力，当然也很顽皮。他一离开父母的视线，就领着村里的孩子偷偷地溜到杏林中玩耍。

一年春天，董奉照常和小朋友们在后山林子里玩耍。突然他听到一个孩子哇哇大哭，向四周一望不见人影，抬头一看，只见邻家小孩爬到树杈上躲藏时手臂被树枝划了一道长长的口子，鲜血直流。其他小孩见到这情景，个个吓得一溜烟地跑回家了。只有董奉一人赶紧爬上树将那小伙伴接引下来，并连忙摘了些杏花，用小手搓揉，然后敷在小伙伴的伤口上，一会儿血就止住了，董奉便护送小伙伴回家。可是，邻家父母不但没有感谢董奉，反而怪罪于他，拧着董奉，并向他父母告状，说是董奉害得他们家儿子流血受伤。董奉没有争辩，只是用倔强的目光盯着邻家父母。大人们仿佛从中看到了董奉的申诉，邻家父母又连忙说道："当然，也是董奉用杏花帮助止血、护送回家的。"

董奉的父母这才开口说道："孩子们嬉闹玩耍是天性，但要注意安全。待会儿我们自会教训一下他。放心吧！你们家宝贝儿子受了伤，我们负责医好。"待得到比较满意的答复后，邻家父母才转身回家。董奉的父母亲在邻家父母走后并没有对儿子进行呵斥与责罚，反而肯定了董奉在危难时刻挺身而出、承担责任的做法，对于他能用杏花止血的举动更是大加赞赏。父母的明辨事理和慈怀大度在董奉幼小的心灵中留下了深深的印象。

杏林
流芳
墨凡

第二章

弃官从医　带艺入道

受当时的政治环境影响，董奉的父母虽然倾尽家产让董奉走上了仕途，但并没有走得长远。最后，在母亲的遗愿刺激下，董奉弃官从医，开始了治病救人之旅。

研习医学

董奉8岁时，父母节衣缩食送他到县城上了及门受业的“蒙学”。所谓及门受业是指“书师”（即教师）亲自向学生讲解传习课程。

3年时间，董奉顺利通过了蒙学课程的考核，于是父母又咬紧牙关急忙送董奉到私学“精舍”进行深造。

董奉聪明伶俐，勤奋好学，悟性极高，6年就完成了全部学业。学完后干什么呢？左思右想还是回家跟着父亲学医吧！古人有句老话，叫作“秀才学医，笼里捉鸡”，意思是有文化的人如果学医的话，就如同在笼里捉鸡一样容易。此话果然不假，再加上董奉从小就在家里给父亲帮忙，因此他学习得特别快。父亲诊病时，他就站在旁边临习。先从认药开始，将中药的性味、归经、性能、主治熟记于心。

就这样，通过父亲的倾囊相授，一年下来，董奉掌握了众多的中医学理论，很快就成了父亲的好帮手。

又过了几年，董奉前往武夷山道观拜师深造。老道士倾其所有，

> 四诊法，就是指望、闻、问、切，是中医诊病的基本方法。根据相关史籍记载，四诊法是由春秋战国时代的民间医生扁鹊（公元前407—前310）发明的，当时扁鹊称之为“望色、听声、写影及切脉”。

传授给董奉各种经典医书，为他讲解、习练“四诊法”。

除此之外，武夷山道士还细心为他指点各种草药知识。董奉回到家后，白天给患者治病，晚上则在油灯之下整理医案、研习经典。本是医药世家出身的董奉，加之研读医书，医技大有长进。

但在那个时代，医师的社会地位并不高，加上当时“精舍”主修《论语》，讲的都是安邦治国。考虑到自己的处境，董奉有一种报国无门、济世无用的惆怅。因此，年轻的董奉时常处于一种不知所措的茫然之中……

俗话说，知子莫如父，疼儿莫如母。董奉的心思父母早就看在眼里，痛在心里。可是，当时进入仕途多为世袭，所幸还是有一个所谓征召“天下俊贤”的措施，以收罗贤达文士充任吏职，名曰“察举制”。于是，董奉父母倾其所有，在县衙为董奉谋了个差事。

董奉来到县衙上任，一切都感到新鲜。县令倒是个清正廉洁的好官，董奉也勤勤恳恳、任劳任怨，上下级关系处得相当融洽。

然而，好景不长。有一天，衙役来报，说有一位龙田村的人来找董奉，董奉一听异常兴奋，便随衙役来到衙门外。一看是从小一起玩耍的张老大，董奉高兴异常，本想与他叙叙旧，可张老大先开口了，说董奉父亲已病倒半个月了，怕是快不行了，非常想念他，他母亲知道张老大要进城，就让张老大给他捎个口信，让他回家一趟。

董奉本来就不太安心在县衙混日子，上不能忠君报国，下不能匡助黎民，更无法孝敬双亲。一听说老父亲抱病垂危，顿时百感交集，泪水夺眶而出。

董奉急急禀过县令后便与张老大一起赶往日夜思念的家乡，

去见日思夜想的父母。

当董奉踏入熟悉的家乡龙田村时，顿感秋风瑟瑟、落叶飘零，进到自家院落便急忙呼唤父母。当母亲听到董奉的声音，口中呼喊着“君异”，夺门而出，母子相拥，泪流满襟。母亲拉着董奉的手来到父亲的病榻前，只见父亲已奄奄一息。董奉跪在床边不断地呼唤，父亲才慢慢地睁开双眼。

董奉握着父亲长满粗茧的手，回头问道：“母亲，父亲怎么会病成这样？把脉、开方的手怎么变得这么粗糙？”

母亲掩泪将实情相告：“为了能让你进县衙当差，我们几乎变卖了全部家产。这年头兵荒马乱、灾害不断，老百姓连饭都吃不上，哪还有钱找你父亲看病？咱家只剩下两亩薄地，你父亲下地耕作，一年的收成也就两三担，只够半年的口粮，还要靠杏果、野菜来充饥。你父亲从来没有吃过这样的苦，日子一长，身体就垮了。半个月前，就一病不起了。”

董奉听了，百感交集，眼睛直愣愣地望着窗外的天空……

父亲的病情日益加重，草药无效，终于在一个清晨，离开了人世。父亲的逝世在董奉的心中仿佛像塌了一片天，可是祸不单行，母亲因父亲的离去悲痛不已，加上常年操劳、积劳成疾，也一病不起。弥留之际，她紧紧握着董奉的手说：“君异，母亲给你选错了道，不该让你去县衙当差。如果当差实在不如意，就回家继承祖上衣钵吧！”说完就撒手人寰。

弃官从医

光阴似箭，岁月如梭，一晃丁忧期满，董奉依然待在家中，没有到县衙报道重新上任。因为他决定继承祖业，弃官从医。

董奉服孝三年期满后便离开了守孝的草庐，回到家中坐诊行医。据传，一日董奉到离家不远处的旒峰村走亲戚，只听见从村里一间茅庐中传来一阵凄惨的痛哭声。家门口还围着一大群人，大家不停地摇头叹息。亲戚告诉董奉，这家主人叫王海，命运坎坷，年过半百才得了个儿子，夫妻俩对孩子宠爱有加，不幸的是大前天突然得病死了。老夫妇爱子心切，哭得死去活来，孩子咽气近三天了，还守着尸身，舍不得埋掉。

董奉问明情况后，便进入室内想看看这孩子究竟得了什么病?当他走近小孩尸体旁观望时，发现小孩脸上毫无人色，但一双瞳孔中仍闪着光芒。董奉心中不禁一阵欣喜，知道孩子也许还能救活。他一边向王海夫妇说明情况，一边忙将小孩的衣服解开，拿出随身携带的银针在那小孩身上扎了几针，不久那小孩的

救生堂

脸色逐渐转好，手足也开始转动，接着发出一阵呻吟声，小孩子被救活过来了。四周围观的百姓情不自禁地发出一阵赞叹声：“真的是神医在世呀！”王海夫妇激动地跪在地上，嘴里不停地说着感激的话。

不知过了多少年，王海后裔为了纪念董奉，在旒峰村立庙祀之。明末，旒峰村的王姓族裔中的一支迁居福州，将董奉香火“分炉”到省城，建祠纪念，取名“救生堂”，主祀董奉为仙师。

董奉在家中一边替人看病，一边种田，生活过得十分俭朴。他靠祖传医术为百姓医病，并不收取费用，只要求治愈者在门前种两株杏树。因此，找董奉看病的人也越来越多。

杏林流芳

后来，这就成了不成文的“乡规民约”惯例，凡找董奉看病的，治愈者种两株杏树，久而久之，福山成了一片杏树的海洋。

董奉就在林中搭建一座草仓，让需要杏子的远近村民，自己用谷子交换杏子；同时，董奉又将所得谷子悉数赈济贫苦乡亲和处境窘迫的商旅，人们亲切地称杏林为“康乐杏”。从此，“杏林”又成为“平安”“温暖”的象征。

据传说有一年端午节，居住在福山龙骨井的董奉被热热闹闹的划龙舟所吸引，遂前往离家不远的坑田道头观看龙舟竞渡。突然，不远处传来悲天恸地的哭声，一群人围着一个躺在地上的中年人，叹息着。董奉上前打听得知，地上躺着的壮汉，是不小心掉入湖中，“溺水而亡”。被捞上岸时，已腹胀如鼓，面色发青，牙关紧闭，气息心跳全无。董奉详细察看后说，此人或许还有救。他吩咐乡民就近借来一口煮饭的大锅和一块门板，架起三块砖石，将饭锅倒扣在砖石之上，唤众人将溺水者轻轻抬起俯卧于锅底之上，董奉又在锅下燃起了微火。不一会儿，只见溺水者腹中的湖水不断地流出来。待水流尽，董奉将溺水者平放于门板上，头悬于外，让一青年人有节奏地按压溺水者胸部，另一人执其双臂开合。董奉一手掐溺水者下颌骨，使溺水者张开嘴，用毛巾清除口腔污物后，另一只手捏住溺水者鼻子，口对口吹气，自己吸气时松开捏溺水者鼻子的手。不到一炷香工夫，溺水者一声咳嗽，恢复了微弱的呼吸和心跳，又过了一会儿壮汉便完全清醒了。他起身拜谢董奉救命之恩，奉其为再生父母，一家人也一齐跪地感谢。

这就是古代溺水的急救之术，其中所运用的方法至今仍在沿用。

参加义军

一天，董家人来报说有人登门来访，董奉得知后立马回到家中。这人是张老头的儿子，也是董奉曾经医好的病人。张老头的儿子推荐他的远房本家兄弟（即张角余部的亲信）与董奉认识。聊着聊着，没想到却成为董奉一生的重大转折点。

张角（？—184），巨鹿（今河北邢台市平乡县）人，著名的“黄巾起义”发起者。据《后汉书·皇甫嵩传》说：“初，巨鹿张角自称大贤良师，奉事黄老道（传说中的黄帝和后来的老子），畜养弟子，跪拜首过，符水咒说以疗病，病者颇愈，百姓信向之。角因遣弟子八人，使于四方，以善道教化天下，转相诳惑。十余年间，徒众数十万，青、徐、幽、冀、荆、扬、兖、豫八州之人，莫不毕应。遂置三十六方。方犹将军号也。大方万余人，小方六七千人，各立渠帅。”

张角于汉灵帝中平元年（184年）在“苍天已死，黄天当立，岁在甲子，天下大吉”的响亮口号中正式起义。黄巾起义开始后，各地群众纷纷响应，旬日之间，天下震动，京师震动。但由于黄巾军的主体是农民，组织不够严密，在政策和策略上普遍掌握不够好。他们除了攻打官府外，还普遍攻打豪强、世家及各种有钱人家。于是，豪强、世家都迅速站出来，配合官府镇压义军。起义约十个月后，黄巾军主力败于官府、豪强的联合。张角也在这期间病亡。黄巾起义失败后，张角的余部继承张角遗志，分散各地进行了二十多年的反抗斗争。

却说张角的余部亲信通过张老头的儿子的引荐，与董奉交谈见解相同，十分投入。这名亲信进一步了解了董奉的背景，很清楚地看到他对朝廷昏庸、官员腐败极为不满，又身怀医技，认为他是一个难得的传道弘法的人才。于是，他将董奉列为重点发展对象。借此机会，他还耐心地向董奉介绍了当年张角领导的黄巾起义的盛况，并讲解了太平道的教义。临别时，他又特意送了一本太平道的教义给董奉，要董奉看完之后，给他回个话。

仕途无望，双亲去世，董奉一度心灰意冷、万念俱灰。与张角的余部亲信的一场谈话，似乎又点燃了董奉心中的激情。回到家中后，董奉一口气将太平道教义读完。太平道以善道教化天下，主张不置“长吏”而代之以“祭酒”，意思是要建立人人平等的社会，“立义舍，置义米肉，令行路者量腹取足”，更是体现了保障百姓生存权和生活权的美好梦想。这些主张与愿望得到了生活在社会底层的广大穷苦百姓的认同和拥戴。

董奉被太平道的教义打动了，经过激烈的思想斗争，董奉最终决定投身太平道。于是他连忙修书，收拾行囊，赶往县城，向县令正式递交辞呈。

虽然黄巾起义已经过去了二十多年，但是张角的余部仍然前赴后继，发展各地农民进行不屈不挠的斗争。众多百姓或入伍为信徒，或送粮送衣，义军发展很快。义军每次攻克城镇后，往往烧毁官府，杀贪腐官吏，将其财产分给百姓。贪官污吏平时作威作福，一闻义军到来，便吓破了胆，如同丧家之犬，多已逃之夭夭。董奉因医术高明，又饱读诗书，成为起义军的重要骨干成员，对义军队伍创建及发展起了很大的作用。

羅浮山

第三章

云游四海　普济众生

由于起义失败，董奉被迫云游四海。在交州，他结识了士燮并挽救了士燮的生命，被士燮看重。后因战事牵连，董奉不得不诈死脱身，离开交州，在家乡六平山、江苏茅山、安徽凤阳、江西豫章等地行医治病，留下种种传说。

交州行医

最终起义还是失败了。张角余部义军的首领们或战死，或被俘，或流亡。董奉在战场上死里逃生，一路上混在逃难的老百姓队伍中，最终回到家乡长乐。董奉是起义军骨干成员，当然也就被列入朝廷通缉的名单。为了躲避通缉，董奉决定云游四海，浪迹天涯。

东汉建安九年（204年），董奉离开了家乡，这一年他35岁。

古代福建泉州、广东潮州之间地处僻壤，山深林密，荆莽丛生，有民谣曰："山高皇帝远，民少瘴疠多。"那里"地极七闽，境连百粤"，群山连绵，绿野千畴；那里有一东西走向的山脉，五峰高耸，形如笔架，故名"笔架山"；从南面北眺山峰，好似彩凤展翅，又名"凤山"。董奉云游到此后，就在凤山之中的岩洞里，悉心研究经书道学、病理偏方，并根据当地气候、土壤条件在山上种植杏树、橄榄等。

董奉还带着村民翻山越岭采集草药，根据自己多年的实践经验以及当地常见的疾病，一个验方一个验方地细细配制药丸。在此基础上，董奉精心编著了一本《凤山验方》。后来，董奉还将《凤山验方》改成方赋歌形式，传授给村民。至今《凤山验方》还在闽西南一带民间流传，发挥着其治疗疾病的功效。另外，还有一说就是董奉也到过漳州市漳浦梁山采药，据明弘治版《八闽通志》一篇《图经序》云："梁山记董奉之游。"

为了纪念董奉的功德，人们将"凤山"也改称为"董奉山"。如今，闽南长泰县董奉山下甘寨村的皇龙宫，依然香火旺盛，宫前还完好地留存着当年董奉用过的药槽、水井；宫内供奉

董奉山“杏林始祖”石刻

的董奉像，世世代代接受乡民们的焚香膜拜。

在闽南一段时间后，董奉继续向西云游，大约在汉建安十一年（206年）到达广信城外。

广信，是两汉时期的交州首府，取“初开粤地，宜广布恩信”之意，位于今天的广西梧州与广东封开一带，即西江与贺江交汇一带。自公元前106年起，广信作为岭南政治、经济和文化的中心，前后历经300多年，被誉为“岭南古都”，是岭南文化和粤语的最早发祥地。广东、广西与广州之名即由此得来。

广信有个古老的瑶寨，寨中有一位姓罗的樵夫。有一年秋天，樵夫的母亲患了风寒症，整天咳喘不止，异常痛苦。求医问药也无济于事。

一日清晨，樵夫又和往日一样上山砍柴。在一片密林中，手

臂上被马蜂蜇了一下，被蜇处立即变得红肿起来，疼痛不已，樵夫感到心悸气促、头晕目眩，只好踉踉跄跄地向山下走去。不经意间，他闻到一阵沁人心脾的香味。又饿又累的他心中一喜，三步并作两步走上前去，摘下一只野果，狼吞虎咽地吃了起来。没想到这野果不仅香甜可口，而且清凉怡人，与自己被马蜂蜇伤的红肿热痛形成鲜明的对比。他突发奇想：说不定将清凉的果汁涂在伤口上会缓解疼痛呢！当他把果汁往伤口上涂后，他立即感到伤处有一种说不出的清凉。更令他意想不到的是，伤处的疼痛竟开始缓解，没过多久，伤处红肿疼痛消失，仿佛未曾被马蜂蜇过一般。惊喜之余，他便摘了好些野果带回家中，给患病的母亲吃。

樵夫的母亲吃了这种野果后，第一天觉得清凉润喉，神清气爽；第二天觉得咳喘有所减轻……见这果子不但好吃，而且有助于缓解母亲的病情，樵夫高兴极了，于是便天天上山采摘新鲜的果子给母亲吃。如此连续吃了一个多月后，母亲的咳喘病竟不治而愈。母子二人喜不自胜，逢人便说这野果的神奇功效，他们采摘很多这种野果，晒干备用。每当遇上患有咳喘病的穷人，便免费送上，教病人煎水饮用，因此治愈了不少患咳喘病的穷人。

恰逢此时，董奉来到这里，听闻樵夫以野果治愈母亲咳喘病之事，心中一动，于是亲自跑到樵夫家中，品尝这既能充饥又能治病的不知名的野果。董奉还在樵夫的带领下上山采摘，潜心研究，看能不能用入药方。经过一段时间的研究和试用，发现此野果性味甘凉，具有清肺止咳、化痰平喘、利咽润喉和润肠通便之功效，于是董奉大力推广用于民间，为百姓义诊。由于樵夫姓罗名汉，后人为纪念他的功绩，便把这种不知名的野果称为“罗汉果”。

因医术高明，董奉一路上靠给人治病挣钱果腹。来到南疆交州（今广东、广西、海南和越南的北部）后，他又以郎中身份给人看病谋生。他深入民间，收集、研究当地土著的医学经验，然后根据自己的医学实践，自制药丸，以独到的治疗手法，为当地百姓解除病痛。董奉就在广信城外，结庐青山。

然而，一件突发事件打破了董奉本来的平静生活。

原来，交州地跨热带与亚热带，物产丰富，海鲜、水果品种很多，同时鸟兽虫蛇也多。

这年交州爆发流行性疟疾，传播的罪魁祸首就是交州一年四季都有的蚊子。患了疟疾的人被蚊子叮咬后，疟原虫就会存于蚊子体内，这样蚊子就成了疟蚊。当疟蚊叮咬他人时，就会将疟原虫传入被叮咬者的体内，引起感染，且快速传播。疟疾俗称“打摆子”，许多人因此而丧生。当时，总督七郡的绥南中郎将兼交趾太守士燮（137—226）束手无策，只好发布紧急文告，重金征求良医攻克疟疾。面对这一危及大众生命安全的流行性疾病，董奉岂能熟视无睹，但他心里也非常明白，要想遏制大范围的疫病，单靠他个人的力量是不够的。他站在公文榜下犹豫不决，自己是个被朝廷通缉的要犯，揭榜岂不是自投罗网？就算当地官府不予追究，但万一在防治过程中有个闪失，那可就罪加一等了。董奉的心情难以平静。

这一夜，董奉在临时搭建的陋室里彻夜未眠。他想起了当年母亲临终的嘱托：“继承祖业，以医济世。”他想到了太平道教众们前赴后继、百折不挠地反抗暴政。他也想到了交州盛产的槟榔，这是医治疟疾最好的良药。第二天一大早，他拿定主意，揭下榜文，随衙役直奔太守府而去。衙役进府通报，太守士燮正为榜文张贴三日无人揭榜而焦虑，闻报即传令入见。

一番问询后，董奉道明了来意：“赶紧防治这流行的疟疾。”

“嗯！”士燮一听这说话的口气，心想来人非等闲之辈，否则不敢这样说话，于是便问：“先生有何良方能治疗这疫病并防止其蔓延？”

董奉答：“此症为少阴反热之症，表现为时冷时热，属虫染性疟疾。对于未染疾者，有两项预防措施：第一，搞好环境卫生，用生石灰处理茅厕粪池，对于已死的牲畜用生石灰撒上后挖深坑掩埋，并灭蚊除虫。第二，交趾盛产槟榔，让百姓自采槟榔切开，在石灰水中浸泡一刻钟后再嚼食。已患病者，治疗方法两条：第一，槟榔照嚼，食法一样。第二，在交趾各地张贴公告，鸣锣告示，广设药汤场，免费为患者提供麻黄杏仁汤。以上两条如能落实，此病可治，此疫可遏。如若无效，甘愿领罪受责。”

太守士燮见董奉将疫病的病因、病机、治理方药都说得清清楚楚，心中甚是满意，一旁的医官也频频点头，心中自是镇定了许多。于是士燮下令，按照董奉的办法，在辖区迅速地展开了疟疾的防治工作。当然，他也没忘了把董奉软禁在府中，以平常的酒菜供给。依照董奉的方案，疫情迅速得到了控制，患者逐渐康复，不出一旬，疫情平息了，太守大人高兴得合不拢嘴。

经此防治疟疾一事，士燮觉得董奉这个人医术高明，且有胆略，有意要将董奉留在府中给自己当“御医”。董奉得知太守的心意，心中发急。太守府乃军政枢纽，人来人往，万一哪天遇上了曾参与剿灭义军的官兵，暴露了身份怎么办？

于是董奉向士燮叩首致谢，说道：“大人的美意，在下心领了！只是在下尚有老母的嘱托在身，不敢擅违母命，望大人见谅!”董奉这一招还真灵。士燮听后就不好再勉强了。

士燮送了董奉一块令牌说道：“难得你一片孝心，本官就不为难你了。今后有事尽管来府中找本官，这通行令牌在交趾地面可任意通行，保你来去自由。”董奉躬身谢恩，接过令牌离府而去。

董奉一举平息疟疾，顿时名声大噪，每天前来看病求诊的人络绎不绝。

交州（州治为广信）刺史兼定南大将军身染沉疴，久治不愈，获悉交趾有位神医能治疑难杂症，便派自己的亲信快马赶到交趾找太守士燮，要他帮忙请董奉至广信为自己治病。士燮与交州刺史本是世交，自是不能怠慢，急忙差遣衙役去请董奉，称太守有要事相商。董奉此时刚从四川回来不久，知道后随衙役入府，士燮如见故友，立即吩咐设宴摆酒。

董奉一头雾水，不知太守又有何要事找他，莫非自己身份泄露，士燮有意庇护，找他来商议回避之策？士燮见董奉疑云满布，就直截了当地将请他来府的原委说了个明明白白。董奉听后，说道："既然是大人挚友，又是朝廷重臣患病，草民自当遵命前往。"

董奉来到刺史府内，见到刺史大人果然是一副痛苦不堪的模样。刺史与董奉虽素未谋面，却像是见到久别的亲人，格外热情。董奉救人心切，不等奉茶落座，就对刺史大人进行望、闻、问、切。一番诊断之后，董奉舒了一口气，说："大人请放心！您这病是小疾惹出的大麻烦，不碍事，只需四剂药就能痊愈。"

刺史大人一听就说："这么神？我患此病三月有余，替我诊治的大夫已有十几位，都是无效而退。今天你倒是给我说个明白，也好让我长长见识。"

董奉不紧不慢地说："大人贵体本无大碍，只是因为大人可能是北方人，而南方的气候湿热，您不太适应，加上宾客往来，应酬繁多，时间一长就患上了便秘，大小便皆不通畅，十分难受，茶饭不思，夜不能寐。不知在下说得可对？”

“神了！神了！真是神医呀！”刺史大人无比感慨地说。

“大人患的是阳结，属于热结之症。用生大黄泡醋，一天喝两次，一次喝一盅。同时，再吃这药，吃完四副病就能痊愈了。”刺史的幕僚接过药方，当即便前去购药煎药。当天下午，刺史大人喝了醋黄、汤药，到了傍晚时分腹痛下泄，大小便皆通了。

董奉在刺史府小住了几天，待刺史大人痊愈，即要辞行回交趾。刺史大人哪里肯依，执意挽留。

“交州乃五羊开泰之地，人杰地灵。北面有座神仙山叫罗浮山，是修炼好去处，先生不妨看看，休息数日，再作打算。”刺史劝道。

俗话说，恭敬不如从命。对于刺史的诚意挽留，董奉也不

罗浮山

好拂其盛意。这次来刺史府是大门未出，二门未迈，只在房中看书。这刺史倒也是个饱学之士，又崇尚道家学说，府内《道德经》《庄子》样样俱全，正好董奉也难得有温故知新的机会。董奉想，既然留下了，就好好四处看看吧！白天去看看广信城，走一走罗浮仙山，晚上温习经典也不错。

除此之外，刺史大人还派了两位医官陪同董奉走遍广信城的大街小巷。在游历中，两位医官不断地讨好董奉，还拿出地方特产荔枝招待这位贵宾。

董奉非常喜欢吃荔枝，凡是医官们送来的，他都来者不拒。此外，董奉不但用荔枝核治好了医官母亲的病，而且传授给医官用荔枝核为病人看病的方子。

两位医官不但讨好了董奉，而且经常围绕着疑难杂症问这问那，并请董奉给军营内外的人看病。董奉心想，这分明是偷师学艺嘛！就在这时，交趾太守府派来加急信使赶到了广信，说士燮得了重病，昏迷不醒，危在旦夕，请董奉速返交趾前去救命。

刺史急忙命人送上黄金和马匹给董奉，依依不舍地目送董奉与交趾来使绝尘而去。

董奉日夜兼程赶回交趾，一进太守府便见士兵、奴仆在扎白花，挂黑纱，一副布置丧事的情形。董奉进得内堂，只见士燮平躺在床上，家中老少围着恸哭。董奉拨开人群，走近床前，俯身掰开士燮双眼仔细查看，接着为士燮切脉，之后说道："兴许还有救，你们都出去吧！"董奉吩咐身边的人端一盆热水来。接着他用双手紧贴士燮胸部一按一松足有一炷香功夫，然后，捧着士燮的头，用手指掐住他的下颌令口张开。董奉口对口地呼吸，一会儿，董奉吸出了一口浓痰，他往地上一吐，顾不得漱口就从衣袋中掏出一粒药丸放在自己口中，慢慢嚼碎，再口对口地送入士

燮口中，然后灌以温水。

一会儿，士燮口中微微冒出气泡，见状，董奉忙令医官扶其头轻轻摇晃，不久，只听士燮喉头发出一咳嗽声，接着“哗”的一声，大量带血的污秽从士燮口中喷射而出。董奉即叫人为士燮擦拭干净，并轻轻按摩其胸腹。士燮缓缓地睁开了双眼，苍白的脸上也泛起了红润。董奉吩咐仆人去端茶。仆人跑到门口大声喊道：“快给老爷端茶来！”随着仆人的一声呼唤，府内上下便都知道昏死了三天的老爷醒过来了。待老爷喝了口茶水，妻儿老小鱼贯而入，前来请安。

七郡的绥南中郎将、交趾太守士燮死而复生，全府上下皆大欢喜。前来祝贺道喜者自是川流不息，甚是热闹。但是大家一颗心还未全放下来，因为士燮两天来虽然起居正常，但是还不曾说过一句话。董奉更是未离病榻，两天两夜未曾合眼，煎药喂药全是亲力亲为。到第三天，士燮能够坐起来了，在士燮的手语指示下，众人劝董奉到客房休息，董奉自知士燮已转危为安，遂从之。

众人在感激之余不禁纳闷，对于士燮的病，众医官也都尽了力呀！这董大夫怎么就这么神奇，居然能起死回生呢？既然医术这么高明，又为什么要背井离乡，跑到这千里之外的夷越边陲呢？一时间众人议论不停。

苏醒后的第四天，士燮突然开口说话了，第一道命令就是要见董奉。董奉应召进得房来见过士燮，并坐于床沿给士燮切脉诊视，士燮突然说道：“董大夫，你是我的救命恩人。古人云滴水之恩当涌泉相报，可你的大恩大德我怎样做都报不了呀！”话未说完，士燮热泪盈眶。

“能够死而复生自是大人自己平时积德行善所报，小人只是尽了医者之职而已，不必挂在心上。”董奉答道。

士燮仍是激动不已，问董奉有何要求，必定万死不辞。董奉劝了半天，仍无法脱身，最后想了想，只好硬着头皮说道：“太守大人，我也是有难言的苦衷啊！事到如今，我也就明说了吧！其实我就是太平道教的董奉，我一个被通缉的人，又岂敢向您邀功啊！只求您宽恕我的罪过才是。”

“哎呀，董大夫，你这是什么话？在夷越交州，我不管你是什么人，我只知道你是挽救了交趾百姓生命的董郎中，我只知道你是我士燮的救命恩人。从今往后，你哪儿也不要去，更不用躲，就住在我家！”太守大人句句肺腑之言掷地有声，尽释了董奉心中的担忧，二人心中分外轻松、愉快。

董奉从此就留在交趾郡，因为董奉的医术高明，请他看病的人很多，士燮专门为董奉设了诊病场所，并配备了厨师，为的是解决董奉饮食习惯的问题，因为董奉“不食他物，唯啖脯枣，饮少酒，燮一日三度设之”。士燮表现出了对董奉的高度重视和亲善。

诈死脱身

让人没有想到的是，就是在这样的局势下，拥兵自立、割据南疆交州的士燮兄弟，本来是拥有一块与世无争的王道乐土，现在却成了各方诸侯觊觎之所。首先是荆州刘表（142—208）受皇命“遣赖恭窥看南土”。然后是曹操统一北方后，开始把进攻的矛头指向南方长江流域，准备乘胜统一全国。诸葛亮也为刘备分析天下大势，主张东结孙吴，内修政理，西和诸戎，南抚夷越。孙权战后（指208年赤壁之战）也颇有所得，他一方面同曹

操争夺荆州和江淮地区，另一方面又派步骘招抚占据交州的士燮兄弟，欲将岭南收入东吴版图。真是树欲静而风不止，董奉因其特殊身份，消息自是灵通。他想，自己出事是小事，千万不能让人家以缉拿黄巾乱党为借口连累了士燮，并引来战火殃及黎民百姓。于是，他做出了离开交趾的决定。

这天傍晚时分，董奉来到太守府，密见士燮。他将自己要迅速离开交趾的想法向太守禀报。士燮也知道，再留董奉实为不宜，便说道："难得董先生大仁大义，不是士燮怕死，我也担心你再留在此处会遭遇不测啊！这样吧，我今晚就派人送你乘船返回福州。"

士武是士燮的三弟，为南海郡太守，恰辖交州临海一带，出入甚是方便。第二天一早，士武便入府内与大哥和董奉一起商议。董奉提议道："我施法诈死，大人可请刘璋（东汉末年割据军阀之一）派人验尸，然后再以将棺椁运回福州老家为名，希望这样我就可以离开此地吧！"士燮、士武听后，觉得此计倒是个妙计，但可行吗？

董奉接着说："二位大人请放心，我自小学医，蒙祖上所传有假死之药，加之与道家气功联用必如真死无疑，不必担心奉性命安危。明早你们等着，会有人向你们禀报我的死讯，到时大可不必惊异。"

世上之事是无巧不成书。翌日清晨，董奉正准备上吊诈死，忽见一直出差未归的庸医走来，董奉心里明白，这是黄鼠狼给鸡拜年——没安好心，于是立即将白绢往梁上一挂，搬来一木凳站上去将脖子往上一伸，脚一蹬，俨然一副上吊自杀的场景。这位庸医推门一看，天呀！他吓得大喊起来："董先生悬梁自尽了！"

过了一会儿，庸医定下神来才想起放下董奉，但一切为时已晚，董奉已经“断气”了。在董奉的医案上，放着士燮给董奉的一封信，上面写着：“董先生，黄巾叛贼，国法不容，念施医救命之恩，赐白绢一条自尽，以保全尸。燮。”庸医看完之后，赶紧往刘璋营中奔去禀报。刘璋听完庸医禀报，心里考虑斟酌：“我率部来到交州，明着捉拿黄巾余党，实为收编士燮的地盘，现董奉已畏罪自杀，这便如何是好？”

刘璋的一位谋士极其狡诈，说道：“刘大人，为防有诈，待出殡之时突袭开棺，验明正身为妥。”

却说士燮一大早就得到下人禀报，说董奉自杀身亡，他立刻令人布置灵堂，入棺殓尸。深夜时分，士燮见无他人，便开棺准备放董奉逃走，不料董奉却不同意，说道：“我畏罪自杀的经过那庸医全部看见，两天后，刘璋必派人来开棺验尸以鉴别真伪，不如我先躲进密室歇息两日，待后天深夜我再返回棺中以应对为宜！”

两天后，按原计划出殡，出交趾三十里后，果然被刘璋的部下拦下，刘璋的谋士要求开棺验尸，结果只见董奉平卧棺底，其模样与庸医所述一样，这才深信不疑。

值得一提的是，有志书对交趾太守名讳记载并非“士燮”，而是“杜燮”。究竟谁是谁非，一时难以定论。《三国志·吴志》有《士燮传》，兹录有关事迹加以佐证：

> 士燮，字威彦，苍梧广信人也。父赐，桓帝时，为日南太守。赐死后，燮举茂才，除巫令，迁交趾太守。燮体器宽厚，谦虚下士，中国人士往依避难者以百数。处大乱之中，保全一郡，二十余年民不失业。羁旅之徒，皆蒙其庆。汉朝赐燮玺书曰：“交州绝域，南带江海，上恩不宣，下义壅隔。今以燮为绥南中郎将，董督

七郡，领交趾太守如故。”建安十五年（210年），孙权遣步骘为交州刺史，燮秉承节度，权加燮为左将军。在郡四十余岁，黄武五年（226年），年九十卒。

可以看出，孙权在时，没有杜燮，只有士燮，官衔是左将军兼交趾太守。《三国志》虽未载与董奉有关的事，但到了南朝刘宋时期，著名史学家裴松之（372—451）却在《士燮传》中加一注文（见今中华书局本《吴志》第1192页），文引葛洪《神仙传》所载：

> 燮当病死已三日，仙人董奉以一丸药与服，以水含之，捧其头摇之。食顷，即开目动手、颜色渐复。半日能起坐，四日复能语，遂复常。奉字君异，侯官人也。

驻留六平山

话说董奉带着疲惫身躯，风尘仆仆地回到了长乐老家龙田村。但为了安全起见，董奉在家只待了一宿，第二天一大早就赶往离家约10千米的六平山中。

六平山又称鹿屏山，位于今天的长乐吴航街道东北隅，海拔565米，蜿蜒神秀，六折而上，故名。此山层岩叠翠，历代文人墨客相率登临，留下不少名人摩崖题刻，各呈韵致。

董奉来到六平山之后，在“如有洞天”旁边，升炉炼丹，得自然之气熏陶，使天人之气相通，内外之气合一，触类旁通，彻悟大道。今留有丹灶、蟠桃遗址。

在长期的实践中，董奉逐渐认识到杏树的多种价值，特别是它神奇的药用价值，他便在自己住处旁和附近山坡上，有意识地规模种植杏树。除杏果可充饥果腹外，更在于大量采用杏树和

六平胜景

多种草药炼成不同的丹药，针对患者病情，因病施救，每每产生神奇的疗效。他凭借精湛的医术和独特的以杏治病的本领，声名渐远。

史料记述，董奉某日行医路过一户人家，忽闻哭声呼天抢地，他急忙近前。原来是一孕妇临盆时气绝身亡。

董奉立即给孕妇把脉望诊，发现其脉象平滑且微弱。董奉略一沉思，便撑开孕妇的嘴巴，将一粒自制丹药塞入她的口中，并解下腰间的药葫芦，将药汤一同灌入。只过片刻，孕妇发出一声长吟，脸色慢慢变得红润，呼吸逐渐顺畅。董奉再次为她号脉后，便吩咐其家属立即做好准备，说孕妇就要生产了。不过一刻钟的光景，“哇”的一声啼哭，一个男婴顺利降生，母子平安。

董奉“一丹救两命”的故事不胫而走，他的盛名也从此远播。无独有偶，另一则史料“一掷千金救两命”也颇为离奇。

某日清早，董奉照例到山岩上吐纳调息，忽听得背后有人说话："冒昧打搅先生了，在下有急事相求。"董奉转过身来，只见来人四十来岁，风尘仆仆，气喘吁吁，裤脚露水泥泞，看上去像是赶了很远的路，便道："无妨！有何急事？"原来此人是五十里外金府的管家，金府少夫人临盆难产快两天了，几个接生婆和大夫请来后都束手无策，产妇性命危在旦夕。经人指点，金家家主吩咐管家星夜兼程赶来董奉住处，延请他救命。董奉一听又是事关两条人命，急忙稍作收拾，便随管家马不停蹄地飞奔而去。

如有洞天

董奉一到金府，府中上下如见救星，也顾不得礼节，便急忙催促他进内堂救治。然董奉却安坐厅堂，叫来贴身丫鬟、接生婆和在场的医生逐一询问情况，之后轻声对接生婆交代了一番，便叫她回内堂伺候少夫人去了。董奉在厅堂沉思不语，金家主见董奉神情凝重，一颗刚刚放下的心又提了上来，忙上前道："董先生若能救得儿媳及腹中胎儿性命，老夫愿以千金相酬！"董奉一听"千金"两字，计上心来，向金家主要来一筐钱，走近内堂，举筐过顶，猛地往墙上一摔，串钱撞击石墙，铿锵之声不绝于耳。董奉旋即回坐厅堂，须臾，内堂传来一阵婴儿的啼哭之声。随后接生婆高声来报："母女平安。"话音未落，金府上下一片

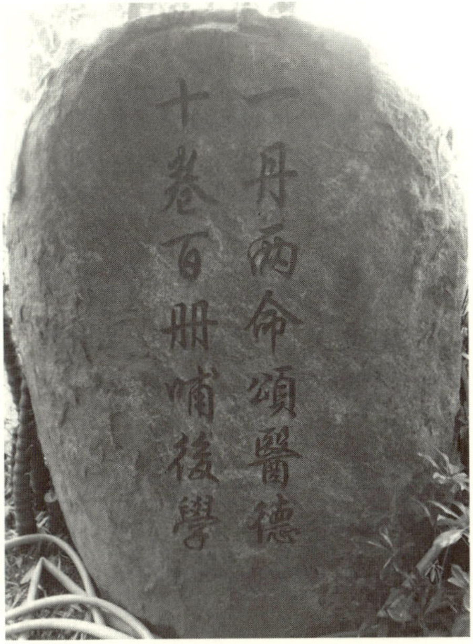

一丹两命颂医德，十卷百册哺后学

欢腾，无不称赞董奉是“神医”。金家主忙吩咐家人置备酒席，众大夫也都上前施礼请教，金家主很是纳闷地问董奉：“您未见产妇，却一掷千金救了两条人命，这手段高明却让人费解，难道真是神功不成？”董奉啜了一口酒，慢慢地回答道：“少夫人难产是因为她身材娇小，体质虚弱，怀孕时又营养过多，以致胎儿过大。加上接生婆几轮催生发力，致使气血消耗殆尽，出现气血两亏、虚脱无力，故需采用拨动气机下行之策。千金击墙，发出铿锵金石之巨响，必使产妇受到惊吓刺激，从而激发肾气，催动肝胆之气血，瞬间凝聚身体之潜力下行，促胎儿产出。”一席话，获得满堂喝彩。

此时，接生婆又过来给金家主禀报：“少夫人生的是女婴，俊俏得很！”

金家主笑道：“女孩甚好！这是多亏了董先生一掷千金换来的，以后就叫作‘千金’吧!”

凤阳义诊

董奉在六平山待了数年后，沿闽江口一带北上，直往江苏茅山而去。

董奉一边赶路一边行医，不久便来到峰峦叠翠、云雾缭绕的茅山上。看到如此美景，他不禁深深地惊叹这座福地名山。他的恬淡清心、淡泊虚名与山峦的清幽绮丽互为感应。于是，他便选择山上的天福洞，静心修炼道家功夫。

天福洞

在茅山修行一段时间后，董奉一路云游途经濠州（今安徽凤阳），他看到当地人民由于连年战争而贫病交加，十分同情，便在凤凰山之南60里的一处小山坡上居住下来。董奉根据当地的地理、气候条件，把江南种植果木等农业技术知识传授给濠州农民，鼓励人们在荒山坡上种植杏树以救荒。可惜很多人对这位悬壶治病的“游医郎中”所提倡的种杏致富的意义持怀疑态度，并不实行。于是，董奉还是依照老规矩：看病不收费用，但重病者痊愈后，要在他居住的山坡上种植杏树。

由于董奉医术高明，医德高尚，远近患者纷纷前来求治，数年之间就种植了万余株杏树，成为一片杏林。杏子成熟时，他写了一张告示，规定：“来买杏的人，不必通报，只要留下一斗谷子，就自行摘一斗杏去。”他把杏子交换来的谷子，用来救济贫民。据说，每年有两三万贫病交加的人受到董奉的救济。《寰宇记》云：“钟离县（今安徽凤阳县）杏山，吴时董奉居于此，为人治病，唯令种杏五株，数年，杏至万株。”

某日，董奉出诊途中，一人突然跑到他身前急切地说：“董先生，我大哥肚子胀痛难忍，在床上翻来覆去，一宿未睡，好不容易熬到天亮，我们几个正抬着他去找您诊治，劳您快给看看吧！”

董奉一听，连忙为病人察舌诊脉，见其舌苔赤黄，肺脉滞涩，又问知其大便两日不通等情况。看完后，董奉用手指着来人的前方说道：“往前走二里地，路旁有一家酒店，你们去要一盘清炒山药，一盘薤白炒鸡蛋，一盘红烧鸭肫，再叫上二两杏仁酒，让你大哥吃完之后休息片刻，之后他就不用你们抬了。”董奉说完之后便继续赶路。一群人抬着中年汉子匆匆赶往店里，并点菜叫酒。

饭后不多时，那中年汉子肚里便不停地排气，接着又内急，痛快地排了大便，随后腹胀竟霍然消除，感觉神清气爽。众人诧异，却不知个中缘由。

胡须斑白的店老板解释说：“你们进店一点菜叫酒，我就知道是董先生开的药膳方，这是治疗肚子胀痛不排便的药膳。”那中年汉子此时来了兴致：“您怎么知道的？”店老板说：“董先生时常用药膳治病，我也常做药膳，略知一二。你的病应是肺气壅滞所致，当宣气润肠。山药润肺补脾、生津通便，薤白下气宽胸散结，鸭肫有健脾和胃、化食消胀的药性，再加上杏仁宣肺理气、润肠通便的作用和酒的行药效之力，自然见效快。”

董奉旅居凤阳数年，不但义诊行医，济世救人，普及种植杏树，还热心地把南方的水稻栽培技术传播到了江北。史料记载，此时江北地区的人们已经学会了水稻育秧移植技术，这与董奉的大力推广施行是离不开的。

董奉对水稻栽培技术的推广，对促进当时北方农业经济的发展有着重要的意义。除此之外，他也把他养身祛疾的知识传给了凤阳民间。《神仙传》中说：“董奉在人间三百余年乃去，颜状如三十时人也。”此虽是神话传说，不足以信，但其养身修性、祛疾延年有道还是可能的。

豫章治疫

不知什么时候，董奉向着江西方向昼行夜宿，从不停歇。不几日，便到达江西豫章。

豫章，今指南昌地区，也是南昌的别称。豫章城内有个名医叫夏金民，在城内系马桩开了间医馆，由于他为人忠厚老实，医术也十分高明，在豫章城内妇孺皆知，他也是董奉来豫章之后所结交的同道挚友。这一年春天，豫章连降暴雨，山洪暴发，抚河决堤，城内低洼处一片汪洋，来不及逃生而溺死的人畜无数。大水刚刚消退，夏金民立即交代其他大夫和伙计道：“大灾之后必有大疫。医者为病家性命之所托，责任重大，不可儿戏。对大规模的瘟疫治疗，我没有十足的把握。我有一个朋友隐居庐山，医术远胜于我，是当代神医。我今天去请他坐镇豫章，助我一臂之力，救治百姓。”

说罢，夏金民跨马扬鞭往庐山方向绝尘而去。他赶到庐山杏林草堂时已近傍晚，将来意说明后，便催促董奉立即随他前往豫章。董奉道：“你我二人空手返程又有何用？待想出良策再去不迟。”

第二天一早，董奉照例早起晨练，走到客房呼唤夏金民同去，夏金民应声低沉不似平常。董奉诧异并推门入房，见夏金民斜靠床头，面色苍白，双眼深陷，气息微弱。董奉急忙对他做了简单的应急处理，夏金民恢复神志，说昨夜连拉了十几次肚子，还胀气腹痛、胸闷气短。董奉听后，一边吩咐家人做好一碗山药杏脯粥让他服下，一边思量他发病的原委。忽然，董奉一拍大腿说，这是水灾过后流行的瘟疫——痢疾。夏金民一听也猛然醒悟："君异兄，连我这个大夫都染上了此疾，豫章城内肯定已蔓延无疑。人命关天，我们应当立即带上您的杏脯粥方前往豫章。"

"夏兄，我一时哪有那么多山药和杏脯去拯救豫章城的数万百姓啊！况且，山药杏脯粥尽管有些辅助疗效，但不是对症的急救办法呀！"董奉答道。

"那怎么办呢？"

董奉说："离此不远的鄱阳湖畔盛产水蒿，当地人称为藜蒿，是清热、利湿、祛邪、治疗痢疾瘟疫的良药。再过一阵子，老百姓会把它捞起来晒干当柴烧。我现在马上组织人打捞收购。你病体虚弱不宜颠簸赶路，就留下来协助收购，随后运回豫章。我带一些藜蒿先行赶往豫章应急。"

董奉赶到豫章，不出所料，医馆内外挤满了患痢疾前来就诊的人。董奉连忙招呼医馆伙计垒灶架锅熬制藜蒿汤，向百姓施药治病。第二天，夏金民带着十几辆骡马车的藜蒿回到了豫章，又架起几口大锅，熬汤布施。没几天，蔓延全城的痢疾得到了控制，但拉回来的藜蒿还有六七车，再过些日子就真的只能当柴烧了，怎么办？

"去掉叶子，把藜蒿的嫩茎择成一段一段的，加上佐料做成菜，既可巩固疗效，又可预防痢疾，还可缓解水灾造成的饥荒，可谓一举多得。"董奉说道。

就这样，藜蒿上了南昌寻常百姓的餐桌，也才有了"鄱阳湖的草，南昌人的宝"这句话。至今江西人用赣菜宴请宾客时仍少不了"藜蒿炒腊肉"这道菜。

杏林始祖

第四章

隐居庐山　心系黎民

云游到江西庐山后，董奉决定在此定居。在这里，董奉虎口取鲠、疏符斩蛟、布施山药杏脯粥。他还结识了东吴大将吕蒙，并以高超的医术得到吕蒙的尊敬。

隐居庐山

天下没有不散的筵席，告别了夏金民，董奉离开豫章北上。当他进入一片大森林，只听百鸟鸣唱，董奉抬头向山顶望去，只见云雾缭绕，山岩隐约，气象万千。董奉被这奇伟的大山气势所迷，顿觉神清气爽，不顾连日来的辛劳，登得山顶。眺望山下，只见长江万顷波涛尽收眼底，再往后山眺望，千顷阔湖环绕山脚，犹如一山飞峙在长江与阔湖之间，那千层悬岩壁上，飞流直下的瀑布犹如一条从天而降的白练，好不壮观。

由于人生地不熟，董奉在庐山中转悠了近一个月，万般景色让他流连忘返。有一天，不知不觉太阳已悄悄西下，正在遐想之时，迎面来了一位樵夫，董奉迎上去施礼道："请问，此是何山？"董奉心想，这山才是他要寻觅的地方。

樵夫停下来，上下打量了董奉一番，心想此人眉清目善，神态自然，态度谦和，且又气度不凡，必定不是坏人，忙施礼答道："此为庐山！"

"那么，可有歇脚栖息之处，能供路人有地方吃饭？"董奉再次询问。

樵夫也有些为难，便回头挥手一指道："沿着这条小道走，尽是重岩，在此峰下约二里有一溶洞，名曰木瓜洞。此洞冬暖夏凉，可供人暂时栖身。"

"多谢相告！"跟樵夫分别之后，董奉仰望蓝天，只见晚霞满天，余晖暖人。他张开双臂，面对着大山高呼："我终于来到庐山啦！"微风拂煦，松涛阵阵，一只白鹤飞落在磐若峰的迎客松枝上，美丽的羽毛在夕阳下熠熠生辉……

庐山今属九江市，九江在当时叫柴桑。柴桑的地方志记载了董奉救人的故事，与《神仙传》记载略同。

柴桑县令的一个屈姓亲戚家有一女儿，芳龄二十有余，貌若天仙，却因被“精邪所魅”，得了“癫疯”病，“百不能治”。如此一来，不但闹得家中鸡犬不宁，更令屈家夫妇悲愁交加、痛不欲生。

原来，屈家居住在柴桑鄱阳湖畔，阳春三月，微风徐拂，水波荡漾，湖边绿树成荫，姹紫嫣红，一派如诗画卷。这天，屈小姐在贴身丫鬟的陪伴下，来到湖边踏青，正在花丛中嬉耍时，不料从湖边草丛中爬出一个一丈多长、身披鳞甲的怪物，屈小姐顿时被怪物吓得昏倒了。丫鬟急得拼命呼救，闻讯赶来的好心人将怪物赶走，将屈小姐抬了回家。

从此以后，屈小姐时常产生幻觉说有怪物在追杀她。白天神志不安，稍有声响便惊恐万状，夜里彻夜难眠，偶尔睡着又很快被噩梦惊醒，久而久之，终于酿成大病，致精神失常。

几年来，屈家四方求医，花费无数，但小姐的病丝毫不见起色，反而愈来愈重，屈家夫妇终日以泪洗面。

屈家主曾听说过许多关于董奉的神奇故事，便亲自来到龙门沟杏林草堂，恳请董奉施法救治女儿，并郑重许诺，若能将病治好，便将女儿许配给董奉为妻。董奉说，医者行医济世乃是本分之事，岂能私利交换，于是随屈家主一同来到鄱阳屈府。

说来也怪，董奉治病不看患者，先见丫鬟，他将屈小姐湖边遇怪物的前前后后以及发病的形态等详细了解之后，便交代屈家主吩咐家丁到鄱阳湖去寻一白鼍。这白鼍就是穴居于江河湖畔的一种爬行动物，又名中华鳄、扬子鳄，分布于长江中下游，是中国特产动物。此物首背披甲，样子煞是可怕，在古代长江中下游流域经常可见，屈小姐只是少见多怪而受惊吓，以至魂不守舍、癫狂妄语。

董奉交代家丁将白鼍赶至屈府门口，一面安排乳母、丫鬟将小姐扶坐至门厅，让小姐观看家丁驱赶并宰杀白鼍的情景。董奉导演的这出戏演完，屈小姐如梦初醒，董奉一边为屈小姐切脉开方，一边细细开导，不几日，屈小姐的病就完全康复了。

屈家主欲兑现事先的承诺，小姐也对董奉心生感激，愿以身相许，董奉推辞不过，遂与屈小姐成亲，居于董奉杏林草堂。

此外，《庐山志》亦记载董奉在此行医期间，县令亲故的女儿得了怪病，医治无效，请董奉医治即愈，县令亲故便把女儿嫁给董奉为妻的故事。

董奉到庐山之后借居山下庙观，一边为当地山民施医治病，一边择地修筑“董奉草堂”安居。

“三江之口，七省通衢”的九江，人杰地灵，物华天宝，水陆交通便利，自古为鱼米之乡、兵家必争之地，历来为重臣良将所把守。柴桑县令丁士彦励精图治，百姓安居乐业，为东吴政权的领土扩张、屯粮练兵立下了汗马功劳，屡受嘉奖，可谓仕途得意。然美中不足的是，人到中年，发妻生有三女，却无子嗣，每回内堂，难免长吁短叹。其妻乃书香门第，善解人意，欲出面张罗为其纳妾，丁士彦遂迎娶修水大户胡家之女胡君为妾。

胡君生得窈窕端庄，初入丁府，对丁妻执礼甚恭，对三女视如己出，与郎君新婚宴尔，自是琴瑟和谐，一家人倒也其乐融融。不料三年过后仍无子嗣，胡君暗自神伤，茶饭不思，日渐憔悴，脸上还生了恶疮。丁妻见此，虑夫君年事渐高，恐误传嗣大任，便与丁士彦商议休妾再娶之事。丁士彦无奈，但认为胡家乃当地名门望族，以一纸修书将胡君打发回家恐有不妥，便以治病为由，将胡君送回了修水娘家。

一年以后，时前方战事频繁，粮草督办紧急，丁士彦率衙门随从至董奉草堂，与董奉商议要事。丁士彦在草堂曾见一女子生得面若桃花、肤若凝脂、体态轻盈、状如仙女。

事后，丁士彦复置厚礼答谢董奉，言及此女曰："若得此女，不羡君侯。"

董奉笑道："此事易为，此女本就是丁大人之夫人也。"即唤胡君出来相见，丁士彦惊为仙子，并恭迎回丁府，第二年竟还生了一对龙凤胎。

原来，胡君回娘家不久便病入膏肓，奄奄一息，家人即送胡君来董奉草堂请求董奉相救。董奉让她在草堂居住，每日食以杏果、杏仁、杏脯粥，药以杏花、桃花、玫瑰、香附、绿萼梅、梨花、金银花，或熏蒸浸浴，或汤饮外敷，不到一年的时间就顽疾痊愈，出落得如仙子一般。

治虎伐蛟

古时候，民众患病救治主要依赖于民间医师——走方郎中。郎中们不避寒暑，终年奔波行走于山野村庄之间。每到一处就摇晃手中的铜环铃铛，表示郎中到了病者可召唤应诊之意。郎中手中的铜环铃铛名叫"虎撑"或"虎衔"，要探究其来历，还得从医仙董奉"虎口取鲠"说起。

有一天董奉炼丹之后返回草堂，行至途中见一老虎卧于路旁草丛。此虎非但没有饿虎扑食的凶相，相反喘气流涕，满脸苦楚。老虎见董奉便不断叩首呻吟，并抬前爪指口，似是乞怜求救。董奉似乎明白了老虎的意思，便唤虎张开嘴让其望诊，只

见一锐骨卡在了老虎的喉咙处。董奉轻轻摸着老虎的头，对老虎说："你明天一早再来，我为你治疗。"老虎似乎听懂了董奉的话，便点头离开了。

翌日，董奉与老虎均按时赴约，为防老虎因痛兽性发作而咬伤自己，董奉将连夜赶制的铜环放进虎口撑住老虎的上下颚，然后顺利取出锐骨，并抹上去腐生肌的药膏。被救的老虎摇动尾巴点头致谢，随后转身而去。

过了几天，老虎又来了，并且寻至草堂，不肯离去。原来老虎为了报答董奉的救治之恩，为董奉值守杏林。这就是后人传颂的"虎守杏林"的故事。它意在褒扬董奉与自然的和谐共融，以及董奉艺高胆大、不畏凶险、普度众生的高尚医德。此事传开后，行走江湖的郎中们纷纷效仿，铜环也成了外出时必备之物。后人逐渐将铜环改成手摇的响器，一来可以作为行医标志，二来是因为医仙董奉与老虎的渊源，郎中们便把它作为保护自己外出行医的护身符。摇铃唤诊美称为"虎撑聆医"，同时也成为古代医家派别称谓，即"杏林中人"，意为不畏艰辛、一心赴救的"苍生大医"。

庐山龙门沟有一条从山北虎跑泉顺山势而下的小溪流经董奉草堂右侧，名叫九道河。至一道河以后，名称就由"河"变成了"溪"，名唤"虎溪"，环绕庐山脚下向东流去。溪流的内侧是杏林，外侧是松林。虎溪的内侧有一护林岗，这就是著名的虎守杏林故事的护林岗原址。闲杂人等不得逾越虎溪，否则老虎就会吼啸三声，啸声令人心悸，众人闻声而却步，"虎溪三啸"的典故由此而来。

九江地区到处是江河湖汊，大旱干死田鼠，逢雨积水成渊，可谓旱涝连绵，百姓不堪其苦。于是，人们在浔阳城东修筑了一座桥坝合一的水利设施，名曰通天桥。从此百姓安居乐业，旱涝保收。不料这一年先是久旱，后遇特大山洪暴发，通天桥坝决口，洪水四溢，淹没了农田房舍，百姓流离失所。洪水退后，人们开始对通天桥坝的缺口进行修复，有人说桥坝决口是水怪妖孽作祟；也有人说，决堤前曾见蛟龙出没于桥坝，是蛟龙所为。为了一劳永逸、永保太平，人们推举乡绅、族长到龙门沟恭请董奉为民除害，行“伐蛟之令”。

董奉来到桥坝，仔细勘察后发现，通天桥决堤是蚂蚁筑巢穴居所致，遂以锦帛裹药饵置于堤坝多处洞穴之内，以土掩埋，并嘱众人继续施工。数日后，桥坝合龙，水位上升，成千上万的死蚂蚁漂浮水面达数丈之长，随波荡漾宛若神话传说中的蛟龙浮水状，于是董奉“疏符斩蛟”的故事就在民间传颂开来。浔阳百姓为感谢董奉“斩蛟”除害，便自备酒食到草堂向董奉谢恩。董奉说，通天桥坝决堤并非妖孽所为，实如前人所说“千里之堤，毁于蚁穴”。

山药杏脯粥

九江人喜欢喝山药杏脯粥，民间还流传着这样一首民谣：“早上一碗杏脯粥，味道鲜美又饱腹。常年不离杏脯粥，不找郎中进药铺。”九江人还将山药杏脯粥誉为“天下第一粥”。相传有一年春节刚过不久，庐山一带闹起了咳喘。前来杏林园找董奉求医的人络绎不绝，而且症状都差不多。于是董奉便在路口支起了帐篷，垒起炉灶，架起药锅，施药疗疾。董奉的药饮名唤“山药杏仁汤”，人们喝了以后，咳喘不久就痊愈了，但仍有不少人还来董奉处喝汤药。

原来头一年的长江水患淹没了很多粮田，导致粮食歉收，很多农户过完春节便靠上山挖野菜果腹度日。虽然到董奉这里能够喝上一碗热气腾腾的山药杏仁汤，但并不能解决饱腹问题。董奉一寻思便将药汤改为药粥，将苦杏果改为甜杏果，去核取脯，再加上山药、大米，熬成山药杏脯粥，这样就食补两济、药食同用了。此粥既具有补脾润肺、益气滋阴之功效，又具有止咳平喘、润肠通便之药力，还是价廉物美的食物。董奉的这一善举既帮助当地百姓度过了青黄不接的饥荒，又治疗了危害民众的顽疾——咳喘。从此，山药杏脯粥就成了九江人传统的养生滋补食品。

史料记载，某日一中年男子来草堂求医，见董奉便拜。董奉连忙扶起他问明情由。原来男子多年来肢体疼痛、麻痹，近来发展到手脚难以屈伸，周身肌肤溃烂不堪，体臭难闻，疼痛难忍。董奉仔细察诊观脉，见患者腕、肘、膝、踝红肿如罐粗，舌苔泛白，脉象时急时缓，病症、病因和疗法，心中已然有数。董奉叫患者在内房坐着休息，自己取出杏树皮、杏树根、桑葚、蒲公英等药物和一匹麻布置于锅中同煎。汤药煎熬好后，他便令患者脱掉全身衣物，然后用蘸有药水的麻布将其全身裹得严严实实，此为外敷疗法。过了一会儿，患者大汗淋漓，说感到好像有一条一尺长的舌头在舔舐他的全身，疼痛难耐。

董奉听了，确诊此为“疠疫”无疑，感到外敷已起功效，就将事先准备的中药煎剂放入加有温水的浴桶之中，让患者泡浴半个时辰。随后，董奉拿了20包药，让患者回家每日如此泡浴一次，且不要吹风，就会痊愈了。患者来时，用车载之，回时已能自己行走。回家十多天后，患者身上表皮脱落全无，疼痛难忍，经过泡浴，疼痛全消。二十天后，疾病痊愈，且肌肤白皙如凝脂。

一晃数年。董奉以其高尚的医德为这方热土开启了千年文脉的重要源头。至今，董奉依然在当地民间享有极高的声誉。

结识吕蒙

话说孙权准备同曹操展开一场争夺荆州和江淮的激战。水陆两栖作战是这一战役的特点，吕蒙（178—220）的部队是主力之一。他得令后，厉兵秣马毫不松懈，旌旗猎猎，锣鼓震天，练得是风生水起，热火朝天。不料在这关键之时，一种痒痛难忍的皮肤病在军中迅速蔓延，且愈演愈烈，吕蒙和同僚们焦虑万分。纵然军中医师日夜不停地忙于救治，但病情并没有得到控制。这日，传令兵送来紧急公文，限吕蒙部队七日内到达镇江。而就在这时，几个军医连同吕蒙本人也染上了皮肤病，整个部队可谓是病弱之师，何以能战？也就在此时，几个军医忽然想起了董奉，并向吕蒙奏请，让董奉来解燃眉之急。吕蒙眼睛一亮，是啊，他不是神医吗？怎么没想起他呢？可转念一想道："一两个人得病还好治，三万将士半数染疾，要在三日之内治愈，简直是痴人说梦，绝不可能啊！但事已至此，也只能先请他来为众将领治疗吧！"

吕蒙遂命人将董奉火速请至军中疗疾。董奉到了军营，首先对5名患者进行了诊查，之后一边洗手一边轻松地对吕蒙说："吕将军，请您马上挑选300名身强力壮没有染病的士兵，带上工具，随我到庐山杏林园引水开池。明日您的部队就全部开往杏林园，在温泉汤池疗疾。不出三日，众将士的病就可以痊愈了。"

吕蒙当即发布命令，挑选300精兵随董奉来到杏林园，经过半天一夜的奋战，硬是挖出了6个大温汤池，一次能容纳上千

人。第二天，吕蒙率大军浩浩荡荡向杏林园开去，并依照董奉所示，让众将士按序进入温汤池，每批半个时辰。浴后，便到董奉草堂外领取一碗药茶。此后接连3天，天天如此。而奇迹也每天都在发生，到了第四天，整个军营流行的皮肤病已荡然无存。此时的吕蒙心中充满感激，便亲率众军医来谢董奉。

董奉说："如果一定要谢的话，就请划定我庐山杏林园方圆五十里自给自足、自行管理就行了。"

吕蒙大手一挥："杏林园本是由您和众山民所开，没有问题。只是将士们在您这泡了3天温汤，喝了3次药茶就痊愈了，真是太神了！您能告诉我其中的奥秘吗？"

董奉说道："运用温汤疗疾已有很长的历史了，温汤对治疗皮肤病效果很好。皮肤病种类很多，这次军中所闹疹疾主要是因为夏季炎热，又加上水陆轮番操练，烈日暴晒，水汗交加，浸沤肌肤，从而引发湿热性'隐疹'。温汤可祛湿排毒，再配以菊杏茶一碗，清热解毒，内调外泡，双管齐下，故见效迅速。"

众人一听，恍然大悟，连称"神医"。

一年，吕蒙的公子病了，令士卒前往杏林园请董奉看病。堂堂东吴大将的儿子生病怎么会跑到偏僻的庐山脚下杏林园请董奉去诊治呢？吕蒙在九江4年，共生了3个子女，但只留下一个儿子，吕蒙将其视若珍宝。现在这个儿子生病，治了十几天没见起色，吕将军甚是着急，于是便派人请董奉给儿子治病。董奉来到吕蒙住处，看见一个不到三岁的小男孩面无血色。经询问得知，小孩肚子胀痛，日夜啼哭，不得安宁。再问曾用方剂，被告知用的是温补之药。

董奉诊脉后说："请派人去摘一把竹叶来熬汤。"虽见众军医惊愕不已，但董奉也来不及多做解释，忙催促赶快去摘竹叶。一会儿，竹叶摘了回来，董奉抓起一大把竹叶置入陶罐之中，加入泉水煮熬，然后让公子服用。不到一个时辰，小公子面色转红，也不喊肚子疼了，呼呼地睡着了。

吕蒙将军一直紧锁的眉头舒展开来，说道："这就神了！这孩子治了几天，愈来愈重。怎么一碗竹叶汤喝得如此顺畅，病好得也快。董先生，您能告诉我，这是为什么吗？"

董奉说："将军，并非在下高明。之前公子一是没有完全将药服下，影响了治疗的效果。二是应验了'医难近治'这句古话，太熟悉、太亲近和太敬畏的人顾虑太多，很难把握诊疗的原则。另外，待公子醒后继续让他服这个竹叶汤，当茶喝。明日上午，请军医来草堂一趟，换个治法，很快就没事了。"言毕便起身告辞。

第二天，几位医官起了个大早，一同骑马来到董奉草堂。董奉对他们说："这个病为热症，邪热入侵伤脾胃，所以才会肚子胀痛。小儿夜啼诸位误用了温补剂，这样便如火上浇油。竹叶味甘性寒、清热解毒，刚好对症。"说完董奉又端出一盘糕点，让他们带给公子吃。众军医又是一阵惊讶，齐道："这是您要我们带回去的药吗？"董奉说："正是。此糕由苡仁、豌豆粉、杏仁、红枣四种原料配制而成，取名'杏枣糕'，是我特为吕公子而制。小孩厌烦吃药，带回去给他当糕点吃，病自痊愈。"由医仙董奉所创的杏枣糕也从汉末流传到了今天，成为九江传统的地方特色小吃。

春暖杏林

第五章

杏林春暖　大爱无疆

董奉治病救人不收费用而让病人栽种杏树的行为，获得百姓的感激，百姓赠给他“杏林春暖”的条幅。随着董奉美名的传扬，杏林佳话也不胫而走，遍及海内外。“誉满杏林”“杏林春暖”“杏林望重”等，逐渐成为全国各地借以表达病家对医家尊崇的共同语言。

杏林春暖

纵观我国历代有名的医学家，无一不是在“精”字上下了一番苦功的。他们毕生勤勤恳恳，孜孜以求，锲而不舍，精益求精，终于取得了医术上的辉煌成就，赢得了后世的景仰。华佗在《后汉书》《三国志》中有传，裴松之、李贤补充了许多关于他的故事，人物形象乃生动突出。张仲景无传，唐初史学家刘知幾《史通》卷八《人物篇》云：“当三国异朝，两晋殊宅，若元化仲景，时才重于许洛，何祯许询，文雅高于扬豫，而陈寿《国志》、王隐《晋史》，广列诸传，而遗此不编，此亦网漏吞舟，过于迂阔者。”仲景无传，有书存世，可借其书研究其人。而董奉则不然，史书无传，其书无存，研究其人，实为难矣。不过有三篇史料可借以寻觅董奉踪迹。第一，《三国志·吴志》卷四十九《士燮传》；第二，《晋书》卷七十二《葛洪传》；第三，葛洪的《神仙传》。而最为重要者，当推葛洪的《神仙传》。

《神仙传》将董奉事迹入选其中，在此之前，西晋的皇帝已诰封董奉为“太乙真人”，尊享奉祀。到了北宋，宋徽宗又加封董奉为“升元真君”。医者成为道仙，并受两个朝代皇帝诰封，有史以来，也是少有的。

董奉在庐山住下后，认为春季疫毒不断、夏季湿浊邪气犯体、秋季湿燥与邪积相合、冬季阴寒虚热，外感内伤连绵不断，其根难除，关键在清肺化湿、祛邪解毒。董奉遂就地取材，以杏为当地山民防病治病，并教化山民以杏果佐食，既济无米之炊，又具润肺解毒之功。由此可见，“杏林春暖”的由来，是因董奉好施济人的动人传说。

杏林望重

据《神仙传》载，董奉“为人治病，不取钱物。使重病愈者，使栽杏五株，轻者一株。如此数年，计得十万余株，郁然成林，乃使山中百禽群兽游戏其下。卒不生草，常如芸治也……君异每年货杏得谷，旋以赈救贫乏，供给行旅不逮者”。《浔阳记》亦载：“杏在此岭上，有树百株，今犹称董先生杏林。”

如今，董奉昔日方圆百里、硕果累累的杏林不知何时已消失殆尽，修道行医的遗址也已荡然无存。只能从一些史料中钩稽朦胧的线索。

《神仙传・卷十》记载：董奉离开交州“后还豫章庐山下居”。慧远法师（334—416）所作《庐山记》记载：“众岭中，第三岭极高峻……其岭下半里许有重岩……其后有岩，汉董奉馆于岩下。”南宋王象之编纂《舆地纪胜》载：“太乙祥符观在德化县南二十五里，即董奉植杏之处，董奉上升之所……唐天宝初为置太乙宫。祥符中改今名。沼中有游鱼，尤为蕃狎。”

南宋周必大在《游庐山后录》中记载：“予欲趋太乙观……

董奉像

现在莲花峰下，不经兵火……宣和二年，封奉为升元真人，观中犹种杏，前殿一株甚大，其后又有种杏轩，春时不妨宴游也。”明《永乐大典》载：“太乙祥符观去城南二十五里，昔董奉植杏之处。”清《四库全书·卷四·骑省集》之《洪州道正倪君碣》记载：“君讳少通，字子明……得董奉之故址，种杏之地，榛莽森如。慨然永怀，誓复灵构……癸丑岁，赐钱三百万，即所居建太一观……牧守嘉尚，道俗依归，为本州道正，乃知太乙观事……初，自择葬地于莲花峰下……太乙董君，上帝之宾。遣方渺邈，奋迹荆榛。倪师慷慨，复来清庆。种杏之地，林光再新……”清嘉庆所编修《全唐文·第九部·卷八百七十》记载：“庐山董真君庙者，即晋永嘉元年真君种杏之坛，上升之地是也……爰考图经，得杏坛旧址，靠莲花峰，镇咏真洞。榛芜虽没，林泉可嘉。”民国吴宗慈所撰《庐山志》记载：“双剑峰西北有太乙宫，即祥符观董奉仙人之道场也。”《庐山东·西林寺通志》记载：竺昙法师圆寂后，“其徒慧永自太行来居。晋光禄卿陶范为其立寺，名曰西林。是岁太和一年（366年）。北山建寺始于西林，故曰‘第一寺’。……寺后山上原有伏虎庵”。《南康新志》曰：“香泉在五老峰下，下流径过杏林。”

董奉在庐山的遗迹颇多，根据以上资料和史实可以确定：一是山南磐若峰下今归宗、渊明醉石间有他居住过的杏林草堂，称为董奉馆，又称董真人升坛，后在此处又曾建杏坛庵，清代名为香泉寺。二是山北莲花峰下（现称龙门沟），董奉去世后，当地人怀念他，在其升仙处建太乙宫祀之。晋永嘉元年（307年），诰封董奉为“太乙真人”，号“碧虚上监”，建真君庙。唐天宝年（742—756）初，建太乙观。南唐保大十一年（953年），在原址建太一观。宋真宗大中祥符（1008—1016）年间又建太乙祥符观，赐额“大中祥符观”。宋徽宗宣和二年（1120年），诰封董奉为升元真人，重修观宇，观内有丹井，观后有种杏轩等。三是西林寺后山的伏虎庵是董奉“虎口取骾”和“虎守杏林”遗址。四是距董奉馆3里即今东林寺西北1里处有董奉的炼丹台等。

流芳百世

关于杏林遗址考究，虽有多处之争，但无一例外，都与董奉有关，皆和庐山相联，这是不争的事实。历代文学家在庐山留下了许多赞誉董奉悬壶济世、独创杏林的历史名篇。

唐代李白的《送二季之江东》：

初发强中作，题诗与惠连。
多惭一日长，不及二龙贤。
西塞当中路，南风欲进船。
云峰出远海，帆影挂清川。
禹穴藏书地，匡山种杏田。
此行俱有适，迟尔早归旋。

王维的《送张舍人佐江州同薛璩十韵》：

束带趋承明，守官唯谒者。
清晨听银蚪，薄暮辞金马。
受辞未尝易，当是方知寡。
清范何风流，高文有风雅。
忽佐江上州，当自浔阳下。
逆旅到三湘，长途应百舍。
香炉远峰出，石镜澄湖泻。
董奉杏成林，陶潜菊盈把。
范蠡常好之，庐山我心也。
送君思远道，欲以数行洒。

杜甫的《大觉高僧兰若》：

巫山不见庐山远，松林兰若秋风晚。
一老犹鸣日暮钟，诸僧尚乞斋时饭。
香炉峰色隐晴湖，种杏仙家近白榆。
飞锡去年啼邑子，献花何日许门徒。

宋代张景的《题董真人》：

桃花漫说武陵源，误杀刘郎不得仙。
争似莲花峰下客，栽成红杏上青天。

余崇龟的《太乙观》：

旧闻太乙宫中杏，便似玄都观里桃。
葛往今来共陈迹，空余松桧暮风号。

明代胡奎的《杏林》：

匡庐西望大霞边，种杏仙翁不计年。
花坞日高闻虎啸，芝田云暖借龙眠。
活人何惜千金药，积谷全胜万顷田。
回首紫薇山下路，万株团雪照晴天。

谢晋的《匡山杏林图》：

闻说匡庐杏，春风别有涯。
仙林张锦绮，人世委泥沙。
卖实凭驯虎，培根任病家。
愿为园药叟，来此度年华。

练子宁的《杏林清隐》：

传家三世总能医，不独长桑授上池。
董奉林香丹杏熟，苏耽井在绿苔滋。
城中卖药人同识，谷口行春鹤惯随。
我亦欲传丹鼎诀，洞天石扇拟同窥。

李时勉的《杏林》：

山边种树绕林垌，几处曾看此独名。
花近药栏春雨霁，阴浮苔径午风清。
岩前虎卧云长满，树底人来鸟不惊。
遗迹尚存仙路杏，只应怀古独含情。

罗汝敬的《杏林》：

董仙学仙种杏树，杏树成林董仙去。
锦霞鞞地五更风，玉颗垂空半秋雨。
药炉丹灶封绿苔，虎卧林间呼不来。

空山何处寻行迹，东风惟见杏花开。
蹇予亦有寻真意，书癖年来苦憔悴。
明当借取麻姑鹏，相从一问长生秘。

清代征士放的《杏林诗》：

吾亦知医术，平生慕董君。
药非同市价，杏以代耕耘。
山下虎收谷，溪边龙出云。
芳林伐已久，到此仰余芬。

文人们描绘了杏林仙境的独特风光和超然感受，再现了杏林中人与自然和谐相处、人与人之间信任互动的美好情景，也表达了对董奉的崇敬之情，并发出“董仙昔日家何处？空山何处寻行踪”的慨叹。因此，杏林文化的传承与发扬，不仅是名家留下的诗篇，还是来自官方导向、典籍传世、系统教育或师徒相授，而更多的是来自民间。

西晋太康元年（280年），董奉悄然仙逝。

对于董奉的仙逝，《神仙传》里有“君异在人间百余年，乃升天，其颜状如三十时人也”的描述。在《太一观董真人殿碑铭（并序）》中有“旌幢降处，千条之影盘空；羽驾行时，万朵之仙花出洞。竟望天门，隐隐而上。即知圣人遁世，俗眼何辽；千载累功，一朝现化”的描述。这一天，煦日和风，庐山松涛阵阵，鄱阳湖碧波涟涟。杏林园的人们依旧和往日一般欢声笑语，为杏树施肥、培土、浇灌，愉快而辛勤地劳作……这一天，护守杏林的老虎依旧值守如故，从山南到山北，从磐若峰到莲花峰，从香泉到九道河……这一天，董奉在山南磐若峰下的草堂一觉醒来，起了个大早，一改往日在草堂后山打坐练功之习，来到了山北莲花峰下磐石上练气调息……一切还是那样宁静自然，一切还是如往常一般。

董奉解除了无数病人的疾苦，也救济了无数贫困孤独的百姓。因此，每当人们对治愈自己或亲友家属病痛的医师表达深切爱戴和感谢之意时，往往想到杏林佳话，赠匾时要书写“杏林春暖”，借以比喻和表彰医家的高超医术和高尚的道德品质。古往今来，杏林佳话的故事激励着无数医者追求医术的高超与医德的升华。

在中国，有以杏林命名医院者，如“杏林医院”；有以杏林命名学术研究团体者，如“杏林学社”；有以杏林命名药房、书屋者，如“杏林堂”等等。自然，“杏林”也随着唐风宋韵泽被海外，各国唐人街上少不了以“杏林”为名的诊所商行，例如日本著名的武田科学振兴财团之“杏雨书屋”，正是根据以杏林为医界之内涵而命名的。其藏书目录以“杏雨书屋藏书目录”命名所收藏的中国医学图书善本。

南宋《周必大后录》有录，董奉还在九江县的莲花峰下建有太乙观，专供栖心修道。在他得道升天之后，当地百姓还在他的杏林之处兴建杏林坛、真人观等，今天的庐山民众还常取杏仁与米同煮，谓之“真君粥”。而在董奉身后，有关他的神异传闻更是越来越多，愈谈愈玄，由此演出许许多多神话传说，大大充实了庐山的神话文化。

多少年来，人们怀念、景仰着这位千古神医，尽管董奉并没有留下太多的文字记载和医道经验，但他毕生所培植、实践的杏林文化及其杏林始祖的风范，却为世人代代传诵。宋代蒋之奇诗赞：

便道行经董奉山，晨餐聊为解征鞍。

青林漠漠岚烟重，白昼昏昏海气寒。

县令来时寻归马，仙人去后有空坛。

一刀曾遗交州药，应是当年炼就丹。

董奉“杏林”佳话不仅成为民间和医界的美谈，也成为历代医家激励、鞭策自己要努力提高医技、解除病人痛苦的典范。唐代谢景先以医技闻名，他在董奉杏林故地建立草堂，为百姓治病。明代郭东也曾效仿董奉，在他所居山下，种杏千余株成杏林。苏州名医郑钦谕，庭院也设杏圃，病人馈赠的物品多拿去接济贫民。元代严子成，在书画家赵孟頫病危时将他治愈，赵孟頫特意画《杏林图》相赠。

随着岁月流逝，在口口相传的佳话中，董奉由“人”变成“神”，许多地方还建有董奉庙。日本等国家和地区都有祭祀董奉的寺庙，说明了董奉的医德和医术在海外享有盛誉。如今，董奉家乡福州长乐董奉山，就是后人为了纪念他而改名的。山上至今留有“汉董奉炼丹处”古迹，山下建有纪念董奉高尚医德的董奉草堂等。

董奉草堂

杏林花发，甘雨回春。杏林文化所体现的是根植人民群众心中的寄托与追求，是医德、医技的表达，是强劲的民族文化的体现。仰望董奉山下杏林园中高耸的董奉石像，感觉董奉犹如巍峨的高山，景行行止，又似涓涓细流，润物无声。董奉是个永生的灵魂，也是大爱精神的化身。愿董奉杏林的暖风化作爱暖千秋的雨露，滋润千千万万的白衣天使，以高尚的医德和精湛的医术救死扶伤，成为天下苍生的大医。

后　记

福建，山海相拥，人杰地灵，人文荟萃，英才辈出，产生了许多伟大的思想家、文学家、教育家、科学家和民族英雄、爱国先驱、革命将士、时代楷模。他们的教育成长、道德品行和思想文章，是福建的宝贵精神财富，教育和激励着一代代福建人努力学习、奋勇前行。福建省社会科学界联合会组织编写的“福建历史文化名人丛书”，以福建历史名人为题材，古今结合，意在从高处着眼、从基础着手，普及人文社会科学知识，促进人文道德养成，使社会科学知识走进大众、走进生活、走进现实，让更多的人了解福建历史名人，弘扬优秀传统文化，增强福建文化影响力和感染力，为建设文化强省添砖加瓦。

“福建历史文化名人丛书”（第三辑）所包含的董奉、薛令之、游酢、罗从彦、李侗、袁枢、蔡元定、刘克庄、俞大猷、洪承畴10个人物故事，记录了福建文化之于中国历史的影响，同时也以人物史的叙述方式生动地展现出中国人文精神的风骨和传统文化的传承。人物篇以人物生平为线索，在故事中体现传主的学问、事功、道德，凸显他们在中华文明进程中的重要作用，深入挖掘和阐发其内在精神，从而激起读者爱国爱乡的强烈情感，使之成为涵养社会主义核心价值观的重要源泉。

这套丛书以广大群众为读者对象，尤其是各年龄段的学生群体以及受过中等教育的读者，他们对这些历史名人的认知，大多来源于历史课本、乡土教材、文化景点和博物馆，很难形成具体、深入、系统的认识。丛书深入浅出，雅俗共赏，通过一个个生动精彩的故事带领读者走进福建历史，走入人文社会科学的知识殿堂，融故事性、知识性、趣味性、可读性于一体，对提升大众的阅读水平、普及社会科学知识、提高人文社会科学文化素养和思想道德素质有着积极的作用。

福建省社科联党组书记、副主席林蔚芬对编撰出版工作提出明确要求，给予大力支持。省社科联党组成员、副主席缪建萍亲自指导本书的策划和编写工作。省社科联从事社科普及工作的李道兴、杨文飞、林彤、李培鋗等具体组织实施本丛书的编撰出版工作。

专家刘小新老师对丛书写作大纲和书稿进行了认真审读，并提出了许多很好的意见和建议，在此表示感谢！

由于编撰出版时间紧，经验和水平有限，疏漏在所难免，敬请广大读者批评指正。

编委会

2017年8月